СЯРГЕЙ ПЛЫТКЕВІЧ

БЕЛАРУСЬ
мая

SIARGEI
PLYTKIEVICH *my* BELARUS

Фотаальбом

2-ое выданне

Мінск «Беларусь» 2002

Аўтар тэксту і складаль
Сяргей Плытке

Фота аўт

Мастак Тамара Мельян

© Плыткевіч С.М., фота, тэкст і складанне,
© Васільева А.Л., пераклад на англійскую
   мову, 2001
© Мельянец Т.А., макет і афармленне, 2001
© Выдавецтва «Беларусь», 2002

ISBN 985-01-0386-8

Мая Беларусь — гэта прыгожая краіна з багатым мінулым, гасціннымі і працавітымі людзьмі і маляўнічай прыродай.

Мая Беларусь — гэта гераічная і мужная зямля, памяць аб яе мінулым захавалася ў старадаўніх гарадзішчах і курганах. Кожны куточак роднай Беларусі мае сваю адметнасць і непаўторнасць.

Я аб'ехаў яе ўдоўж і ўпоперак, выбіраў самыя запаведныя мясціны. Шлях у асноўным пралягаў у глыбінку. Мяне цікавіў лёс старых сядзіб, мястэчак, хутароў. Прыцягвалі да сябе маляўнічыя краявіды роднай зямлі.

Нягледзячы на шматвяковае жаданне людзей падпарадкаваць сабе прыроду, яна вытрымала ўсе эксперыменты і захавала некранутыя дзікія мясціны. Гэта дзіўнай прыгажосці шматлікія рэкі, лясы і азёры, якія заселены звярамі і птушкамі. Палессе славіцца сваімі унікальнымі балотамі. Чароўнай непаўторнасцю нашай прыроды можна з захапленнем любавацца і ў Белавежскай пушчы, і ў Бярэзінскім біясферным запаведніку, на Браслаўшчыне і Мядзельшчыне...

Але адна справа — убачыць прыгажосць самому і зусім іншае — паказаць яе сябрам і знаёмым. Таму са мной заўсёды быў фотаапарат. Бо мастацкае фота — цудоўны сродак, які дапамагае паўней адчуць веліч мураваных палацаў, святых храмаў, старажытных вежаў і званіц, асэнсаваць нашу культурную і гістарычную спадчыну.

У нас захаваліся помнікі даўніны, якімі ганарымся не толькі мы, але і ўвесь свет. Гэта Мірскі замак, які ўнесены ў міжнародную скарбніцу ЮНЕСКА, Сынкавіцкая царква абарончага тыпу, Сафійскі сабор у Полацку, нацыянальны гісторыка-культурны запаведнік у Нясвіжы і інш. Гэта маўклівыя сведкі мінулых эпох, у якіх жыве дух стагоддзяў. Яны памятаюць славу нашых продкаў, гады ліхалецця і ўзлёту.

Мы павінны ведаць, што адбывалася на нашай зямлі, павінны памятаць славутых землякоў. Бо нельга быць патрыётам, калі не ведаеш, хто такі Францыск Скарына, Еўфрасіння Полацкая, Тадэвуш Касцюшка, Кастусь Каліноўскі, чаму прысвячаецца знакаміты Паланез Агінскага. І калі ўпэўненасць замежных турыстаў, што ў нашай краіне няма цікавых гістарычных аб'ектаў — гэта вынік няведання нашай гісторыі, то расчараванне нас саміх у сваёй Бацькаўшчыне — гэта проста беспамяцтва.

На адным са здымкаў, зробленых у вёсцы Зембін, можна ўбачыць сям'ю буслоў, якая пабудавала гняздо над сімвалам хрысціянскай веры — храмавым крыжам. Як вядома, белыя буслы — сімвал нашай краіны. На мой погляд, іх суседства — знак таго, што з Боскай дапамогай у Беларусі будзе светлая будучыня.

Ужо зараз паўсюдна аднаўляюцца, будуюцца і вяртаюцца вернікам цэрквы і касцёлы, іншыя гістарычныя аб'екты.

Таму сёння Беларусь выклікае да сябе цікавасць асабліва тых, хто займаецца пазнавальным, паляўнічым або экалагічным турызмам. Але найперш родную краіну павінны адкрыць для сябе мы самі!

Дзеля гэтага і быў задуманы альбом. Вельмі спадзяюся, што маё адкрыццё роднай Беларусі дапаможа і вам, пакліча ў новыя падарожжы па бацькоўскіх прасторах.

Мы жывём у цудоўнай краіне, нам ёсць што шанаваць і любіць, чым ганарыцца, мы павінны заўсёды памятаць аб гэтым!

My Belarus is a beautiful country of great past, hospitable and hard-working people and picturesque nature.

My Belarus is a heroic and courageous land and the remembrance of its past is retained in sites of ancient settlements and barrows. Every place of the native land is distinctive and unique in its own way.

I travelled the length and breadth of it, chose most untouched parts. Mainly my way lay into the most remote places. I was interested in the destiny of old country estates, boroughs, khutors. I was attracted by picturesque views of Motherland.

In spite of the centuries-old desire of people to override nature, it stood all the experiments and preserved untouched wild places. These are numerous magnificent rivers, forests and lakes that are populated by wild animals and birds. Palesse is famous for its unique swamps. You can admire the enchanting nature in the Belavezhskaja Puscha, the Biarezinsky nature reserve in Braslau region and Miadzel region...

But to see the beauty yourself and to show it to your friends and acquaintances are two different things. That's why I always take a camera with me. A decorative picture is a wonderful means that helps to feel deeply the greatness of stone palaces, sacred temples, ancient towers and belfries, to comprehend our cultural and historical heritage.

We preserved relics of the past , of which not only our citizens can be proud , but also people all over the world. These are the Mir Castle, that is regarded as a part of UNESCO's international treasury, Synkavitskaja Church of defense type, St Sophia's Cathedral in Polatsk, the national historical and cultural reserve in Niasvizh and others. These monuments are silent witnesses of the past that preserve the spirit of centuries. They remember the glory of our ancestors, hard times and the years of flourishing.

We should know what has happened on our land, should remember our outstanding countrymen. You can't be a patriot if you don't know the names of Francisk Skaryna, Euphrosine Polatskaja, Tadeusz Kosciuszko, Kastus Kalinousky, what the famous polonaise by Oginski is dedicated to. And if foreign tourists' belief that there are no interesting monuments in our country is the result of their ignorance of our history, then our own disappointment in our Motherland is simply forgetfulness.

In a picture taken in the village of Zembin you can see a family of storks, that built their nest above the symbol of Christian faith – a temple cross. It is known that white storks are the symbol of our country. To my mind their vicinity is a sign that with God's help Belarus will have a bright future.

Right now new churches are being built, restored and given back to believers all over Belarus, and it's the same situation with other historical monuments.

That's why nowadays Belarus attracts attention of people, especially those who are involved in cognitive, hunting and ecological tourism. But first of all we should discover our own country by ourselves.

This album was created for this very matter. I hope very much that my discovery of Belarus will help you as well, invite you to a trip across the native land.

We live in a wonderful country, we have a lot to treasure and love, to be proud of. We should always remember that!

Не ведаю, якая пара года каму больш падабаецца. Мне ж здаецца,
што знаёмства з Беларуссю лепш за ўсё пачынаць напрыканцы зімы.
Навокал яшчэ холадна, але сонца свеціць ужо па-веснавому, і яго яркія
промні даюць надзею: адкрыццё будзе прыемным!

I don't know what season appeals to you but I think that the best time
to visit Belarus for the first time is the end of winter. It's still cold
but the sun shines like in spring and its bright rays give hope:
you'll enjoy the discovery of the country!

Сакавік. Сонца свеціць усё ярчэй, з-пад снегу
прабіваюцца брусніцы, з бярлогі выбіраецца мядзведзь,
вада ў рэчках падымаецца і цячэ па лёдзе.

March. The sun is shining brighter, cowberries are
pushing up from under the snow, a bear is leaving its den,
the water of rivers is going up and running over the ice.

Мядзельскі раён. Славуты касцёл бернардзінцаў
у вёсцы Будслаў (XVIII ст.). Раз у год тут збіраюцца
тысячы паломнікаў з усёй Беларусі.

Miadzel region. The famous Bernardine Catholic Church
in the village of Budslau (XVIII c.). Once a year thousands
of pilgrims from all the parts of Belarus come here.

Сынкавіцкая царква-крэпасць стаіць на ўскраіне вёскі
ўжо пяць стагоддзяў.

Synkavitskaja Church-fortress has already been
on the outskirts of the village for five centuries.

Заслаўе — невялікі гарадок на рацэ Свіслач. Узнік раней, чым Мінск. Менавіта сюды пасля няўдалага замаху на жыццё князя Уладзіміра была саслана яго жонка Рагнеда разам з сынам. І ўзнік горад, які атрымаў сваю назву ад імені маладога князя.

Zaslaue is a small town on the River Svislach. It's older than Minsk. It was the very place where duchess Ragneda and her son were sent to after the unsuccessful attempt upon the life of duke Uladzimir. And here appeared the town that was named after the young duke.

А на Беларусь прыходзіць вясна. Яшчэ не зазелянелі
дрэвы, але птушкі ўжо прыляцелі. Кулік-вераценнік дома!

Here comes spring to Belarus. Trees haven't become
green yet but birds have already come flying.
A sandpiper is at home!

Браслаўшчына. Невялікі востраў на возеры Снуды.
Вясной і летам тут раздолле для птушак.

Braslau region. A small island on Lake Snudy.
There's a lot of space here for birds in spring and in summer.

Шэры журавель — вельмі рэдкая на Беларусі птушка.
А вось турухтаны ў красавіку—маі тысячнымі чародамі
спыняюцца на астравах у пойме Прыпяці.
Якое гэта цудоўнае відовішча — бойкі турухтанаў!

A grey crane is a very rare bird in Belarus.
As for ruffs, flocks of them stop in April and May
on islands in the flood-lands of the Prypiat.
What a wonderful show ruffs' fights are!

У лесе месцамі яшчэ ляжыць снег. Па старой звычцы на пляцоўку
для корму прыходзяць дзікі. Зацвітаюць сон і падбел. Аднак
для мяне самы каштоўны трафей — гэта здымак глушца, які такуе.
На жаль, вельмі мала засталося іх у нашых лясах...

There are still spots of snow in the forest. By force of habit wild
boars come to the feeding ground. The first spring flowers begin
to blossom. But for me the dearest trophy is a picture of a wood-grouse
that performs courtship rituals. Unfortunately, very few of these
birds have remained in our forests...

→
Зубры — сімвал
не толькі Бела-
вежскай пушчы,
але і ўсёй Беларусі.

Aurochs
are the symbol
not only of the Bela-
vezhskaja Puscha
but of the whole
Belarus.

Птушаняты балотнага мышалова.
Як я ні стараўся, а бацькоў сфатаграфаваць
так і не ўдалося...

Nestlings of a marsh hen-harrier.
However hard I tried
I didn't manage to take a picture of their parents...

Цецеруковы ток на… пажарышчы. Мы назіралі здалёк за цецерукамі, паставілі шалашы ў самым цэнтры такавішча. Але прыехалі раніцай і не пазналі свайго поля — усё яно згарэла. Згарэлі і нашы шалашы. Але цецерукі ўсё роўна прыляцелі, праўда, у гэты дзень яны амаль не такавалі…

A mating-place of heath-cocks on… the site of the fire. We watched heath-cocks from a distance, then we put our shelters of branches in the centre of the mating-place. But when we arrived in the morning we didn't recognise our field – everything had been burnt down. So had our shelters. The heath-cocks came flying all the same but that day they practically didn't perform courtship rituals…

Пойма ракі Бярэзіны, вада падымаецца...

The flood-lands of the River Biarezina,
the water is going up...

→
Браслаўскія
прасторы.

Braslau space.

Май. Цвітуць яблыні і грушы.
У гэту цудоўную пару нават Мірскі замак,
якому ўжо больш за 400 гадоў, здаецца маладзейшым…

May. Apple-trees and pear-trees are in flower.
At this wonderful time even
the Mir Castle that is more than 400 years old seems younger…

Беларуская глыбінка… За апошнія дзесяцігоддзі (а то і стагоддзі)
тут мала што змянілася. Безумоўна, ёсць электрычнасць,
вяскоўцы глядзяць навіны па тэлевізары. Але галоўнае для іх — дзеці,
уласная гаспадарка: агарод, сена, карова. Так было заўжды,
так ёсць і цяпер.

Belarusian remote places… There have been practically no changes
in the last decades (or even centuries). Of course, there'
is electricity, villagers watch the news on TV. But the main thing for them
is their children, their household, their kitchen-garden, hay, their cow.
It has always been like that. So is it now.

Чэрвень. Маленькія казуляняты адкрываюць для сябе
такі цудоўны і ў той жа час небяспечны свет.
У аленя толькі-толькі пачынаюць адрастаць рогі,
многія птушкі яшчэ сядзяць на гнёздах.

June. Kids open to themselves such a wonderful
and at the same time dangerous world. Deer's antlers just
start growing, lots of birds are still hatching.

Шэрая чапля насцярожылася: дзесьці небяспека.
Птушаняты прыціснуліся да гнязда, але пройдзе некалькі хвілін,
і яны супакояцца. А калі прыляцяць бацькі, то з прагнасцю
кінуцца да іх — есці хочацца!

A grey heron is on the alert: there should be danger somewhere.
Nestlings pressed themselves to the nest but some minutes
will pass and they'll come down. And when their parents come flying
they'll greedily rush to them – they are hungry!

У поймах рэк спадае вада,
з кожным днём раніцы становяцца ўсё цяплейшымі,
вось-вось павінны з'явіцца першыя грыбы.

The water is going down in floodlands.
Every day it is becoming warmer in the mornings.
The first mushrooms are just about to appear.

...разбура́ным касцёле
...мініканцаў (XVIII ст.)
...сцы Зембін буслы
...удавалі гняздо.
...ццё працягваецца!

...the destroyed
...minican Catholic Church
...e village of Zembin (XVIII c.)
...ks have built
...st. Life is going on!

А побач — хаты вяскоўцаў. Дзеці ходзяць у школу,
дзяўчаты мараць пра каханне, і, магчыма,
хтосьці праз нейкі час надзене шлюбны ўбор і ўрачыста ўвойдзе
ў Засвірскі касцёл кармелітаў (XVIII ст.) або ў любы
іншы касцёл ці царкву Беларусі.

Nearby there are villagers' houses. Children go to school,
girls dream of love and some time later somebody
might put on wedding clothes and solemnly come
in the Carmelite Catholic Church in Zasvirie (XVIII c.)
or any other church in Belarus.

Лета. Адцвілі дзьмухаўцы, дзеці прыехалі
да дзядуль і бабуль. Канікулы!

Summer. Dandelions have faded, children have come
to see their grandparents. Vacation!

Калі белы бусел — сімвал Беларусі, то белыя чаплі з'явіліся ў нас зусім
нядаўна. Чатыры гады таму была знойдзена іх першая калонія
ў вусці ракі Лань. Чаплі, як і вялікі бугай (здымак справа), — вельмі
асцярожныя птушкі. Некалькі дзён спатрэбілася, каб іх сфатаграфаваць.

If a white stork is the symbol of Belarus, then white herons have appeared
here lately. Their first settlement was found four years ago in the mouth
of the River Lan. Herons like a big bittern (the picture on the right) are very
careful birds. It took several days to take a picture of them.

А вось гэта даволі рэдкі момант: чорныя і белыя буслы на запрудах рыбгаса «Белае», што ў Жыткавіцкім раёне. Рыбгас раскінуўся сярод лясоў. Вясной і напрыканцы лета тут збіраюцца чароды птушак. Тады і можна назіраць такую жывапісную карціну. У гармоніі з прыродай жывуць вяскоўцы.

And this is a rather rare moment: black and white storks on the will-ponds of the fishing farm Belaje (White) in Zhytkavichy region. The fishing farm is situated among forests. In spring and at the end of summer flocks of birds gather at this place. Then you can watch such a wonderful picture. Villagers live in harmony with nature.

Птушынае царства: чомгі, бакланы на гняздзе, кнігаўка,
вялікі бугай з птушанятамі, кулік-верацэннік.

The bird kingdom: sheldrakes, cormorants on their nest,
lapwings, a big bittern with nestlings, sandpipers.

Старое дрэва дало жыццё маладым парасткам.
Але ці надоўга?

An old tree gave life to new shoots.
But is it for long?

Глухія мясціны
ў Бярэзінскім біяс-
ферным запаведніку.
Сустрэць тут можна
і вавёрку, і пугача,
і… мядзведзя.
На жаль, на гэты
раз з мядзведзем
не пашанцавала.
А можа, і добра,
бо мядзведзіца
была з дзіцём.
На здымку — след
ад маіх ботаў, побач
з ім — след будучага
гаспадара лесу.
Пакуль ён не надта
вялікі, але ж хутка
медзведзяня
падрасце!

Remote places
in the Biarezinsky
nature reserve.
You can meet
a squirrel, an eagle-
owl and ... a bear.
Unfortunately we
didn't have luck
to see a bear that
time. But it wasn't

after all so bad as a she-bear was with its cub.
There's my footstep in the picture.
Next to it is a track of a future master
of forest. It's not big yet but pretty soon
the bear-cub will grow up!

Белавежская пушча. Алені на жытнім полі.

The Belavezhskaja Puscha.
Deer are in a rye field.

Навагрудак — былая сталіца Вялікага княства Літоўскага.
Штогод у чэрвені тут збіраюцца рыцары, каб аднавіць бітву, якая адбылася
стагоддзі назад пад мурамі старажытнага замка на дзядзінцы.
Тады крыжакі так і не здолелі ім авалодаць. Аднак час, на жаль,
не пашкадаваў яго моцныя вежы і сцены.
Зараз яны стаяць разбураныя...

Navagrudak is the former capital of the Great Lithuanian Principality.
Every June knights meet there to revive the battle that took place centuries
ago at the walls of the ancient castle. Then crusaders didn't
manage to seize it. But the time, unfortunately, hasn't spared its
massive towers and walls. Now they are destroyed...

аваная дарога
загрудку вядзе
амкавай гары.
й праязджалі
скія каралі,
рускія і літоўскія
аты, шляхта.

obled road
vagrudak runs
mkavaja Mount.
h kings, Belarusian
Lithuanian barons,
ry drove this road.

Пойма ракі Прыпяць.

The floodlands
of the River Prypiat.

Качкі і чайкі — самыя звычайныя птушкі ў нас.

Ducks and sea-gulls are the most common
birds in our country.

Возера Нарач — адно з самых прыгожых на Беларусі.

Lake Narach is one of the most
beautiful in Belarus.

Вечарэе...
Night is falling...

Белавежская пушча, магутныя дубы і елкі. А зусім непадалёку
знаходзіцца Ружанскі палац. Калісьці тут збіраліся слынныя і заможныя людзі
Вялікага княства Літоўскага і Рэчы Паспалітай. На жаль,
ад былой велічы мала што засталося. Таму не відаць турысцкіх аўтобусаў.
І толькі гусі кожны дзень павольна праходзяць цераз браму палаца…

The Belavezhskaja Puscha, strong oaks and fir-trees. And not far there's
the Ruzhany Palace. Formerly well-known and rich people of the Great
Lithuanian Principality and Rech Paspalitaja gathered here.
Unfortunately, there has been little of its former greatness left.
That's why you won't see tourist buses here. And every day only geese
unhurriedly pass through the gate of the Palace…

А на дварэ ўжо жнівень.
На палях даспявае жыта ў бабках.

Here has August come.
Spring-wheat ripens in the fields.

...менны крыж
...ёсцы Камаі і валуны —
...ўклівыя сведкі
...шай гісторыі.

... stone cross
...he village of Kamai
... boulders are silent
...nesses of our history.

Металічны крыж і невялічкая хваінка —
два сімвалы: смерці і жыцця.
Яны знаходзяцца побач, на агароджы старых могілак.
А справа — уваход у Мікалаеўскі касцёл (XVI ст.).

A metal cross and a little needle are two symbols:
one of death and the other of life.
They are set together on the fence of old graves.
On the right is the entry
of St Nicolas' Catholic Church (XVI c.)

Ад замка, які знаходзіўся ў Геранёнах,
захаваўся толькі невялікі ўзгорак.

Only a small hill is left
of the castle that is in Geraniony.

Міхалішскі касцёл
аўгусцінцаў (XVII ст.).

The Augustan Catholic
Church in Mikhalishy
(XVII c.).

Магільны склеп знакамітага на Беларусі роду Ажэшкаў.

The Burial vault of the Orzeszków's,
the famous family in Belarus.

Царква-крэпасць у вёсцы Мураванка (XVI ст.)
і касцёл бернардзінцаў у Іўі (XVII ст.). Спакон веку праваслаўныя
і католікі на Беларусі жылі па суседству. Зараз на нашай зямлі
аднаўляюцца многія і каталіцкія, і праваслаўныя храмы.

The church-fortress in the village of Muravanka (XVI c.)
and the Bernardine Catholic Church (XVII c.) in Iue. From time
immemorial the Orthodox and Catholics have lived close to each other.
Now a lot of Catholic and Orthodox temples are being
reconstructed in our country.

Цэнтральная плошча ў Навагрудку.
The central square in Navagrudak.

Невялікія мястэчкі, вёскі, гарады. Розны быў у іх лёс. Шматлікія войны не абмінулі ніводную беларускую мясціну. Гарады руйнаваліся, а людзі аднаўлялі іх зноў, будавалі цэрквы, касцёлы, сінагогі, мячэці.

Boroughs, villages, towns. Their destiny vary. Numerous wars spared none of Belarusian parts. The towns would be ruined but reconstructed by people, they would build Orthodox and Catholic churches, synagogues, mosques.

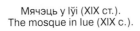

Мячэць у Іўі (XIX ст.).
The mosque in Iue (XIX c.).

Драўляная царква ў невялікай палескай вёсцы.

A wooden church in a small village in Palesse.

Адноўленая Сімяонаўская
царква ў Брэсце (XIX ст.).

The restored Simiaonauskaja
Church in Brest (XIX c.).

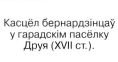

Касцёл бернардзінцаў
у гарадскім пасёлку
Друя (XVII ст.).

The Bernardine Catholic Church
in Druja (XVII c.).

Але якім бы ні было жыццё, беларусам заўсёды
дапамагала песня. Спяваюць яны і зараз — на вяселлях,
на дажынках і проста так, для душы.

But whatever the life was, a song always helped
Belarusian people. Nowadays they sing too – at weddings,
harvest feasts and just for pleasure.

Вёска Свір у Мядзельскім раёне.
Як і ў большасці заходнебеларускіх вёсак, над хатамі
дамінуе Мікалаеўскі касцёл (XX ст.).

The village of Svir in Miadzel region.
Like in most western Belarusian villages St Nicolas'
Catholic Church (XX c.) dominates houses.

Андрэеўскі касцёл
у гарадскім пасёлку Лынтупы (XX ст.).

St Andrew's Catholic Church in Lyntupy (XX c.).

Полацк — самы старажытны горад на Беларусі. Першая згадка аб ім
датуецца 862 годам. Што толькі ні адбывалася на гэтай зямлі,
але і зараз плыве над Заходняй Дзвіной велічны Сафійскі сабор (XI—XVIII стст.).
На сценах найстарэйшай на Беларусі Спаса-Еўфрасіннеўскай царквы (XII ст.)
захаваліся старажытныя фрэскі. На адной з іх — магчымы партрэт
князёўны-асветніцы, духоўнай апякункі Беларусі Еўфрасінні Полацкай.
На ранейшым месцы стаіць адноўлены жаночы манастыр.

Polatsk is the most ancient town of Belarus. The first mentioning dates
back to 862. What has not happened to this land, but still now St Sophia's
Cathedral (XI-XVIII cc.) floats above the Western Dvina. Ancient frescos remained
on the walls of the Saviour-Euphrosine Church (XII c.), the oldest
in Belarus. One of them might be a portrait of duchess Euphrosine Polatskaja,
the enlightner and the spiritual patroness of Belarus.
The restored convent is on the former place.

Мы зноў на Браслаўскіх азёрах.
Толькі тут гняздуюцца вельмі рэдкія на Беларусі
серабрыстыя і шызакрылыя чайкі.

And we are again on Braslau Lakes.
Only here silvery and grey-winged sea-gulls that are very rare
in Belarus build their nests.

Траецкае прадмесце. Мінск.

The Traetskaje Pradmescie (setlement).
Minsk.

Свята-Духаў
кафедральны саб
(XVII ст.) у Мінс

The Cathec
of the Holy Sp
(XVII c.) in Min

Мінскі касцёл святых Сымона і Алены пабудаваны ў 1905—1910 гадах.
Фундатарамі і ініцыятарамі былі Эдвард Вайніловіч
і ягоная жонка Алімпія. Чырвоны касцёл, як называюць
яго ў народзе, — напамінак аб іх памерлых дзецях.

The Catholic Church of St Simon and St Helen in Minsk
was built in 1905—1910. Its founders and initiators were Edward Vainilovich
and his wife Alimpija. The red Catholic Church, as people call it,
is a reminder of their dead children.

На Беларусь прыходзіць восень…
Here comes autumn to Belarus…

Жаўцее лісце, пусцеюць палі.
Зусім хутка пералётныя птушкі пакінуць радзіму
і зямля пакрыецца снегам.

Leaves are turning yellow, fields are becoming deserted.
Pretty soon birds of passage will leave Motherland
and snow will cover the ground.

Пачаўся паляўнічы сезон, то тут, то там чутны стрэлы.
Чаплі сталі яшчэ больш асцярожнымі...

A hunting season has begun,
here and there you can hear shooting.
Herons have become even more careful...

У лесе яшчэ мноства грыбоў, але раніцы ўжо халодныя, вось-вось павінны пачацца першыя замаразкі.

There are still a lot of mushrooms in the forest but it's already cold in the morning, the first autumn frosts are just about to start.

З дрэў пачынае асыпацца лісце,
лес пераліваецца рознакаляровымі фарбамі —
бабіна лета. Прыгажосць!

Leaves start falling off,
the forest is iridescent – it's Indian summer.
It's so beautiful!

Восень прыходзіць і ў Нясвіж — радавое гняздо самага магутнага
беларускага роду — князёў Радзівілаў. У Нясвіжскім палацы
калісьці збіраліся знакамітыя магнаты Вялікага княства Літоўскага
і госці з многіх краін Заходняй Еўропы.
Русалка сумуе ў Нясвіжскім парку.

Помнік вядомаму
мастаку Напалеону
Ордзе ў г. Іванава.
Менавіта па яго
малюнках і гравюрах
мы сёння мяркуем
аб былой велічы
беларускіх палацаў,
ад якіх не засталося
нават і падмуркаў...

The monument
to the famous artist
Napaleon Orda
in the town of Ivanava.
Just by his drawings
and prints we can
judge the greatness
of Belarusian palaces,
even the foundation
of which hasn't
remained...

Autumn comes to Niasvizh a patrimonial nest
of dukes Radziwills, the most mighty Belarusian family.
Formerly famous barons of the Great Lithuanian Principality
and guests from many countries of Western Europe
meet in the Niasvizh Palace.
A sad mermaid in the Niasvizh Park.

Бронзавы помнік аднаму з першых асветнікаў
на Беларусі Сымону Буднаму ў Нясвіжы. У 1562 годзе
ў мясцовай друкарні ён выдаў першую кнігу
на беларускай мове— «Катэхізіс».

The bronze monument to Symon Budny, one of the first
printers in Belarus, in Niasvizh. In 1562 in the local
printing-house he published the first book in the Belarusian
language – the Catechism.

Дом-музей вялікага беларускага і польскага паэта
Адама Міцкевіча ў Навагрудку.

The House-Museum of the great Belarusian and Polish poet
Adam Mickiewicz in Navagrudak.

Барысаглебская, ці Каложская,
царква ў Гродне (XII ст.).

The Church of St Boris and St Gleb,
or Kalozha Church, in Grodna (XVII c.).

Позняя восень. З дрэў асыпаецца лісце.
Амаль кожны дзень ідуць дажджы…

Late autumn. Leaves are falling off.
It rains practically every day…

Старыя яўрэйскія
могілкі ў Друі.

Old Jewish graves
in Druja.

А вось і першы снег.
Пратрымаецца ён нядоўга, але надыход зімы непазбежны.

And that's the first snow. It won't stay long
but winter will come inevitably.

Дождж, лістапад...
Rain, autumn leaf-fall...

Вясковая дарога ў Браслаўскім раёне.
A rural road in Braslau region.

→
Заказнік
«Блакітныя азёры».
Возера Глубелька.

The reserve Blakitnyja
(Blue) Lakes.
Lake Glubelka.

Для паляўнічых дрэннага
надвор'я не бывае.

There's no bad weather for hunters.

Зноў Браслаўшчына. Снежань.

Braslau region again.
December.

Студзень. Маразы мацнеюць...

January.
The frost is getting harder...

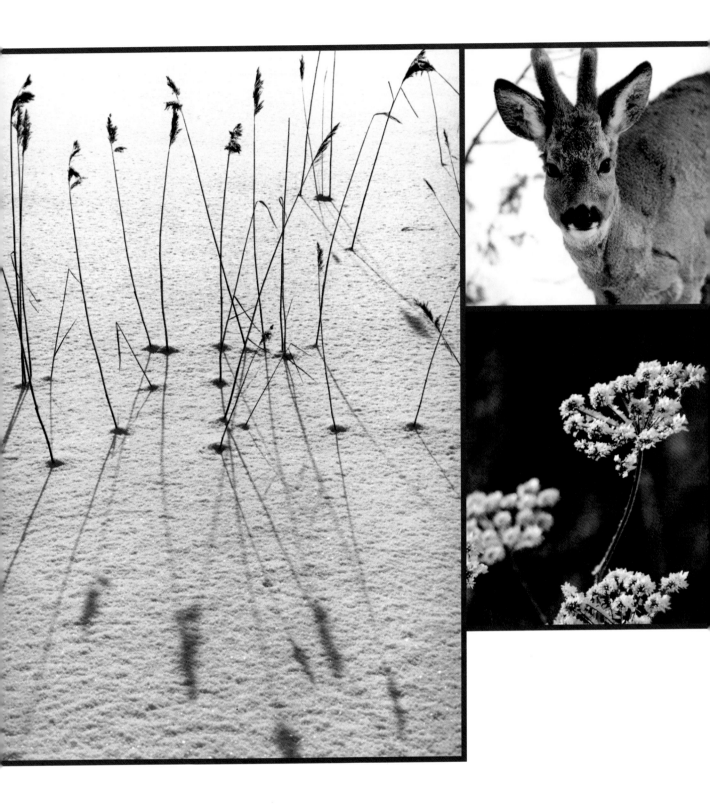

Зіма — цяжкі час для лясных жывёл.
Дзікі, казулі, маладыя ласі і алені — усе могуць стаць здабычай
воўчай зграі. А на ваўка палюе чалавек...

Winter is hard time for wild animals.
Wild boars, roes, young elks, deer – all of them can be a prey
for a wolf pack. And the man hunts the wolf...

Лес прыгажэе з кожным днём.

Every day the forest
is becoming more and more beautiful.

Але для дзікіх жывёл паняцця «прыгажосць» не існуе.
Зімою іх хвалююць толькі дзве праблемы:
знайсці ежу і ўберагчыся ад драпежнікаў.

But the notion of beauty doesn't mean anything to wild
animals. In winter they are worried with the two problems:
to find food and protect themselves
from predators.

Затое для аматараў прыроды сонечныя дні зімой —
сапраўднае свята для душы.

But for nature-lovers sunny days in winter
are a great joy.

А гэта — яшчэ адзін напамін пра Беларусь.
Спрадвеку на скрыжаванні дарог ставілі крыжы — каб шлях быў шчаслівы,
каб вярнуцца дадому жывымі і здаровымі.

And that's one more sign of Belarus.
Since the beginning of time crosses have been put at crossroads so
that the way should be successful and people
may return home safe and sound.

Іосіфаўскі касцёл
у вёсцы Рубяжэвічы
на Стаўбцоўшчыне
(пачатак XX ст.).

St Joseph's Church
in the village of Rubiazhevichy
in Staubtsy region
(the beginning of XX c.).

Колькі касцёлаў, цэркваў на Беларусі!
І кожны храм наведваюць людзі, просячы
у Бога аднаго — шчасця.
Для сябе і сваёй Радзімы.

How many Orthodox and Catholic
churches there are in Belarus! And people
go to these temples to ask God just for
one thing – happiness.
For themselves and for their Motherland.

Петрапаўлаўскі касцёл у вёсцы Дрысвяты (XX ст.).

The Catholic Church of St Peter and St Paul
in the village of Drysviaty (XX c.).

А снегу ўсё падсыпае. І змяняецца надвор'е:
то мароз, то адліга, то іней на дрэвах, то завіруха.
Нічога не зробіш — зіма ёсць зіма.

It keeps snowing. And the weather is changing all the time:
now it's frosty, now it's thawing, now there's hoar-frost
on trees, now there's a snowstorm.
Nothing can be done – winter is winter.

А мы з вамі развітваемся на засыпаным снегам асфальце.
Спадзяюся, яшчэ калі-небудзь сустрэнемся.
А пакуль шчаслівай дарогі!

And now we part with you on the snow-covered pavement.
I hope one day we'll meet again.
Happy journey!

МАЯ БЕЛАРУСЬ

Фотаальбом

Фота і тэкст С.М. Плыткевіча

Мінск, выдавецтва «Беларусь»
На беларускай і англійскай мовах

Пераклад на англійскую мову
А.Л. Васільевай
Рэдактар Т.І. Улевіч
Мастацкае рэдагаванне Т.А. Мельянец
Тэхнічнае рэдагаванне Т.А. Мельянец, А.В. Грабянко
Карэктары Л.Р. Кузьміна, Л.Б. Шынкевіч
Камп'ютэрная вёрстка М.І. Лазука
Аператар Л.Е. Капусцінская

Падпісана да друку 20.12.2001.
Фармат 60х84 $^1/_8$. Папера мелаваная. Гарнітура Прагматыка. Афсетны друк.
Ум. друк. арк. 16,74. Ум. фарб.-адб. 67,89. Ул.-выд. арк.16,8. Тыраж 7000 экз. Зак.373.

Падатковая льгота — Агульнадзяржаўны класіфікатар
Рэспублікі Беларусь АКРБ 007-98, ч. 1; 22.11.20.600

Рэспубліканскае унітарнае прадпрыемства «Выдавецтва «Беларусь»
Міністэрства інфармацыі Рэспублікі Беларусь.
Ліцэнзія ЛВ № 2 ад 31.12.97. 220004, Мінск, праспект Машэрава, 11.

Рэспубліканскае унітарнае прадпрыемства
«Мінская фабрыка каляровага друку».
220024, Мінск, вул. Каржанеўскага, 20.